Marion Carrington

Das Low-Carb-
Backbuch

60 Rezepte mit wenig Kohlenhydraten

Liebe Leserinnen, liebe Leser,

Hätte mir Anfang 2011 jemand erzählt, dass ich mal ein Backbuch schreiben würde – ich hätte gelacht und ihn für verrückt erklärt. Natürlich habe ich ab und zu einen Kuchen gebacken, aber eine leidenschaftliche Bäckerin war ich wirklich nicht. Dies sollte sich jedoch Ende 2011 ändern.

Im Sommer 2011 wurde bei mir Diabetes mellitus Typ1 diagnostiziert. Kurz gefasst: Diabetes Typ 1 ist eine Autoimmunerkrankung. Das Immunsystem greift die Bauchspeicheldrüse an, sodass kein körpereigenes Insulin mehr produziert wird. Die Verdauung macht aus Kohlenhydraten Traubenzucker. Dieser gelangt ins Blut. Nur mithilfe von Insulin können die Körperzellen den Traubenzucker aufnehmen. Fehlt Insulin, bleibt der Blutzuckerspiegel hoch. Ich muss also ständig meinen Blutzuckerspiegel kontrollieren und bei jedem Essen für die Kohlenhydrate die entsprechenden Insulineinheiten spritzen.

Einige Monate nach dieser Diagnose wünschte ich mir immer öfter, auch mal ein Stück Kuchen oder einen Keks essen zu können – ohne dafür zu messen und zu spritzen. Einfach mal zwischendurch oder zum Kaffee. Aber: Backen ohne Kohlenhydrate – geht das?

Es gab 3 Probleme, für die ich eine Lösung finden musste:
1. **Problem:** Der Haushaltszucker musste ersetzt werden.
2. **Problem:** Das übliche Mehl konnte ich nicht mehr verwenden.
3. **Problem:** Es sollte schmecken.

Nach zeitintensiven Recherchen in Internet, Büchern und Fachliteratur waren die ersten beiden Probleme gelöst. Den Haushaltszucker ersetzte ich durch den Zuckeraustauschstoff Xylit-Zucker – auch Birkenzucker aus Finnland genannt. Anstelle von Mehl lässt sich eine Mischung aus fein gemahlenen Nüssen und sehr steifem Eischnee, etwas Sojamehl und Johannisbrotkernmehl verwenden. So weit, so gut. Jetzt musste nur noch der Geschmack gelingen. Das erste halbe Jahr war geprägt durch etliche Fehlversuche. Ich ließ mich nicht entmutigen und rührte wieder von Neuem los. Ein bisschen mehr hiervon, ein bisschen weniger davon – und so wurden meine Backergebnisse geschmacklich immer besser, und mein Mülleimer machte Urlaub.

Nachdem ich nun die ersten drei Probleme gelöst hatte, trat ein weiteres Problem auf – das Optische. Mein Teig ging beim Backen zuerst wunderbar hoch, doch dann wurde der Kuchen plötzlich immer kleiner und fiel in sich zusammen. Er schmeckte zwar, sah aber mitleiderregend aus. Oft musste ich auch Kämpfe mit der Backform austragen. Der Inhalt wollte sich einfach nicht daraus lösen lassen und es kam ein Messer zum Einsatz – mit dem Erfolg, dass der Kuchen anschließend nicht mehr der optischen Norm entsprach. Doch dann hatte ich die Idee. Ich nahm einfach eine kleinere Backform. Geschafft – der Kuchen fiel nicht mehr in sich zusammen! Und seitdem ich Springformen oder Bleche verwende, ist auch das Entformen kein Problem mehr.

Meine Backwaren schmeckten und sahen gut aus. Nun brachte ich jeden Montagmorgen einen anderen Kuchen mit zur Arbeit. Ich hoffe, meine Kollegen verzeihen mir, dass ich sie als Geschmacksprobanden nutzte. Bedingt durch die positiven Beurteilungen hatte ich jetzt so viel Spaß am Backen bekommen, dass ich immer neue Ideen und Varianten ausprobierte. Um nicht den Überblick zu verlieren, fing ich an, mir Notizen zu machen über Zutaten, Mischungsverhältnisse, Backzeiten usw. Meine Notizen wurden dann zu Rezepten. Und meine Rezepte wurden zu diesem Buch.

Viel Spaß beim Lesen und Nachbacken!
Ihre Marion Carrington

Backen ohne Kohlenhydrate

Kuchen, Kekse und Desserts ohne Kohlenhydrate zuzubereiten ist eine Herausforderung – aber es geht! Hier ein paar wichtige Grundlagen, damit das Backen gelingt.

Süßer Genuss ohne Kohlenhydrate

Sie essen nach dem Low-Carb-Prinzip? Oder leiden an Diabetes, Zöliakie oder einer Weizenallergie? Trotzdem möchten Sie natürlich auch hin und wieder mal etwas Süßes essen – am besten, ohne sich groß Gedanken um BE oder Kohlenhydrate zu machen. Hier erfahren Sie, wie das geht.

Wir alle lieben Süßigkeiten, nicht zuletzt Kuchen und Kekse. Diese enthalten aber häufig schon in kleinen Portionen sehr viele Kohlenhydrate, da sie hauptsächlich aus hellem Weizenmehl und Zucker hergestellt werden. Außerdem enthalten sie viel Fett – beides schadet im Übermaß einer stabilen Gesundheit.

Dieses Backbuch weist neue Wege. Es enthält 60 erprobte Low-Carb-Rezepte, die sicher gelingen. Der Begriff Low-Carb (von engl. carbohydrates = Kohlenhydrate) bedeutet Kohlenhydratminimierung. Mein Bestreben war es, Rezepte ohne, oder nur mit einem ganz geringen Anteil an Kohlenhydraten zu kreieren. Also ohne Zucker und ohne Mehl. Hier finden Sie süße, leckere und einfache Rezepte – optimal für den Blutzuckerspiegel und die Figur.

Meine Backrezepte sind geeignet für alle, die Kohlenhydrate wie Weißmehl und Zucker meiden müssen, sollen oder wollen. Ich veränderte die Rezepte und Leckereien so, dass sie einen uneingeschränkten Gaumenschmaus erlauben. Mein Buch eignet sich für Low-Carb-Freunde, Diabetiker, Zöliakie-Erkrankte und Allergiker. Aber auch alle anderen Genießer, die Mehl und Zucker nicht unbedingt meiden müssen, werden das Gebäck genießen und auch schmecken.

Ich habe alle Rezepte in diesem Buch selbst gebacken und die Backergebnisse von Arbeitskollegen, Freunden und Bekannten beurteilen lassen. So können Sie sicher sein, dass die Rezepte auch trotz der ungewöhnlichen Zutaten einwandfrei gelingen – und schmecken.

Kleine Zutaten-Warenkunde

Als Grundzutaten verwende ich in meinen Rezepten Xylit-Zucker, Sukrin, Johannisbrotkernmehl, Sojamehl, gemahlene Nüsse und Eier. Einige geschmacksgebende Zutaten, die in kleinen Mengen verwendet werden, können einen geringen Anteil an Zucker enthalten. Darauf weise ich jeweils in den Rezepten hin. Hier finden Sie Informationen und Tipps zu den einzelnen Produkten und deren Anwendung.

Grundzutaten

Xylit-Zucker, auch Xylitol oder Birkenzucker aus Finnland genannt, ist ein Zuckeraustauschstoff. Er sieht aus wie üblicher Haushaltszucker (Saccharose) und hat eine ähnliche kristalline Struktur. Xylit süßt stärker als normaler Zucker – daher braucht man weniger davon. Außerdem hat er 40 % weniger Kalorien. Er lässt sich sehr gut verarbeiten. Für Diabetiker ist Xylit gut geeignet: Der Blutzuckerspiegel wird nicht oder nur geringfügig belastet. Für alle, die darauf achten müssen, ist zudem wichtig zu wissen, dass Xylit glutenfrei ist. Bestellen kann man ihn zum Beispiel im Internet.

Vollfett-Sojamehl wird aus der ganzen Sojabohne gewonnen. Die Verwendung des Sojamehls ist vielfältig. Im Prinzip kann es überall dort eingesetzt werden, wo Mehl verwendet wird. Sojamehl eignet sich zudem als Emulgator und Stabilisator. Jedoch sollte beim Backen darauf geachtet werden, dass dieses Mehl nur als Zusatzmehl verwendet wird. Man kann also nicht einfach ein herkömmliches Kuchenrezept nehmen und das Weizenmehl durch Sojamehl ersetzen. Doch in kleinen Mengen zugegeben verbessert Sojamehl sogar nebenbei die Backeigenschaften, insbesondere bei hellem Brot, Gebäck und Kuchen. Auch zum Binden von Soßen, Suppen, Aufläufen und Eintöpfen eignet sich Sojamehl hervorragend. Kaufen oder bestellen kann man es in gut sortierten Supermärkten, Naturkostgeschäften, Bioläden, Reformhäusern oder im Internet.

Johannisbrotkernmehl wird aus dem Samen des Johannisbrotbaumes gewonnen. Es besteht aus einem Ballaststoff, den der Körper des Menschen nur teilweise verdauen kann. Er wird während der Verdauung nicht zu Traubenzucker und eignet sich daher hervorragend für das Low-Carb-Backen. Johannisbrotkernmehl dient in Kuchen und glutenfreiem Brot als Backhilfsmittel. Ein aus dem Johannisbrotkern isolierter Stoff soll sowohl den Blutzuckerspiegel als auch den Cholesterinspiegel senken und gewichtsreduzierend wirken. Kaufen oder bestellen kann man Johannisbrotkernmehl zum Beispiel in Reformhäusern oder im Internet.

Geschmackszutaten

Vorsicht – in fast allen fertigen Geschmackszutaten, zum Beispiel geriebener Zitronenschale in der Tüte oder Lebkuchengewürz, ist Zucker beziehungsweise Traubenzucker enthalten. Daher versuche ich, fertige Geschmackszutaten weitgehend zu meiden und verwende stattdessen beispielsweise das Mark aus echten Vanilleschoten oder die frisch abgeriebene Schale unbehandelter Zitronen. Wo ich dennoch einmal fertige Geschmackszutaten verwende, weise ich in meinen Rezepten auf den möglichen Zuckergehalt hin.

Bitterschokolade. Ich verwende beim Backen ausschließlich Bitterschokolade mit einem Kakaoanteil von 85 %, weil sie einen geringen Anteil an Zucker hat und dem Kuchen einen starken Schokoladengeschmack gibt. Bitterschokolade ist in jedem Supermarkt erhältlich.

Kakaopulver. Zum Backen nehme ich nur reines Kakaopulver, ohne Zusätze und ohne Zucker. Man kann es in fast jedem Supermarkt bekommen.

Backaroma. Diese kleinen Fläschchen bieten eine Vielzahl toller Aromen und sind zum Backen sehr gut geeignet. Und sie enthalten keinen Zucker. Backaroma ist in jedem Supermarkt erhältlich.

Noch ein paar Tipps

Eine wichtige Grundregel beim Low-Carb-Backen ist: Die Eier mit dem Xylit-Zucker immer gut verquirlen. Dadurch vergrößert sich das Volumen der Masse. Ich habe alle Kuchen, Kekse, Brote und so weiter mit Heißluft (Umluft) gebacken. Zwischen den verschiedenen Backofenherstellern kommen leichte Temperaturschwankungen vor. Daher sollten Sie zum Ende der Garzeit immer die Stäbchenprobe machen: Ein Holzstäbchen in die Mitte des Kuchens pieken – wenn nach dem Herausziehen noch feuchter Teig am Stäbchen klebt, braucht der Kuchen noch ein wenig.

Damit das Backwerk gelingt, bitte genau an die Rezeptur halten. Nur so hat man nachher den perfekten Genuss.

Übrigens: Wer kein Backpulver verträgt, kann alternativ auch Natron benutzen.

Das geht auf gar keinen Fall

Ein mit Mehl gebackener Kuchen hat eine feste Konsistenz. Da wir aber ohne Mehl backen, ist unser Kuchen innen sehr schön locker und – je nach Rezept – auch sehr fluffig und saftig. Einen solchen Kuchen würde man nicht im Ganzen aus einer tiefen Form herausbekommen. Deshalb bitte diese Backformen nicht verwenden: Bund- beziehungsweise Gugelhupfformen und tiefe Motivbackformen – also alle festen Formen, die sich nicht seitlich öffnen lassen.

Auch Keksbackformen sind ungeeignet. Dadurch, dass nur wenig Teig in die einzelnen Formen gefüllt werden kann, karamellisiert der Xylit-Zucker in den kleinen Förmchen. Das Ergebnis: Man bekommt den »Keks« sehr schlecht aus der Form, teilweise im warmen Zustand wie Gummi, im kalten Zustand muss man das Gebäck herauskratzen. Der Geschmack leidet auch darunter, da sich der Xylit-Zucker unten absetzt.

Daher – damit Ihr Kuchen gelingt, bitte nur die im Rezept angegebenen Backformen benutzen.

Welche Hilfsmittel brauchen wir?

Sie brauchen keine »Sonderausstattung«, meine Rezepte gelingen mit ganz normalen Küchengeräten. Hier allerdings ein paar Tipps zu nützlichen Helfern, die das Backen erleichtern:

Elektrischer Zerkleinerer. Ideal zum Zerkleinern und feinen Mahlen einiger Zutaten. Dieses Gerät kann ich nur empfehlen, bei meinen Rezepten für Brote und Brötchen habe ich es immer eingesetzt. Sonnenblumenkerne, Kürbiskerne, Haferflocken, geschrotete Leinsaat und Nüsse lassen sich damit schön fein mahlen. Es macht zwar ein wenig Arbeit, aber das Ergebnis lohnt sich. Kleinere Mengen fein gemahlene Haferflocken lassen sich sehr gut als Mehlersatz verwenden, zum Beispiel in den Rezepten für Pfannkuchen (Seite 83) und Teebrötchen (Seite 76).

Backformen. Meistens habe ich ein kleines Blech oder eine Springform mit Rohrboden genommen. Eine kleine Bratenschale oder Auflaufform geht auch. Da kein Mehl verwendet wird, sollte man beim Low-Carb-Backen immer eine etwas kleinere Kuchenform wählen, dann kommt der fertige Kuchen etwas höher. Sie sollten also zwei bis drei Springformen mit geradem und mit Rohrboden in verschiedenen Größen im Haus haben. Kleine Backbleche gibt es in verschiedenen Größen mit Deckel und Griff für den Transport – sehr praktisch. Bei allen Rezepten habe ich die von mir verwendete Größe angegeben.

Backpapier ist besonders beim Low-Carb-Backen ein wichtiges Hilfsmittel. Es verhindert, dass das Gebäck an der Form haften bleibt. Wie in einigen Rezepten angegeben, kann man das Gebäck sehr gut mit dem Backpapier aus der Form heben und auskühlen lassen.

Darüber hinaus brauchen Sie Mixer, Handschneebesen, Holzstäbchen, Spatel und eine Waage. Dann kann das Backvergnügen beginnen!

Im Rezeptteil verwendete Abkürzungen

Abkürzung	Bedeutung
EL	Esslöffel
Fl.	Fläschchen
g	Gramm
gem.	gemahlen
kg	Kilogramm
ml	Milliliter
Pck.	Päckchen
TL	Teelöffel

Das Wichtigste in Kürze

Bitte bedenken Sie: Auch wenn wir beim Low-Carb-Backen weder Zucker noch Weizenmehl verwenden, ist dies kein Ratgeber für die tägliche Vollernährung, sondern ein Wegweiser für den Genuss zwischendurch.

Beim Backen sollte darauf geachtet werden, dass Sojamehl nur als Zusatzmehl verwendet wird – also in geringen Mengen, wie in meinen Rezepten angegeben. Als kompletter Ersatz für Weizenmehl ist Sojamehl nicht geeignet.

Beim Xylit-Zucker verwenden Sie bitte ausschließlich den Birkenzucker aus Finnland, der aus Laubhölzern hergestellt wird. Benutzen Sie möglichst keine fertig zu kaufenden Geschmackszutaten, diese enthalten meist viel Zucker. Falls Ihnen der Teig nicht süß genug schmeckt, beachten Sie bitte: Der Xylit-Zucker entwickelt erst beim Backen seine volle Süße. Zu guter Letzt – halten Sie sich bitte genau an die Rezepte: Nur so ist sicher, dass das Backwerk gelingt.

Und für die Diabetiker unter Ihnen sei noch erwähnt: Ich achte beim Backen immer darauf, dass die verwendeten Zutaten eine Broteinheit (BE) nicht überschreiten. Daher muss ich beim Verzehr einer normalen Portion meiner Low-Carb-Backwaren weder messen noch Insulin spritzen – wenn das keine guten Nachrichten sind!

Und nun, liebe Leserinnen und Leser, genug der theoretischen Vorrede – wir sollten mit der Praxis beginnen. Begleiten sie mich auf diesem Weg, und lassen Sie sich durch meine Rezepte inspirieren. Backen Sie nach Herzenslust und genießen Sie Ihre Ergebnisse.

Das Backen ist zu einer meiner Leidenschaften geworden und ich werde auch

▲ Bis ich meine Backwaren so stolz präsentieren konnte, ist auch so manches schief gegangen ...

in Zukunft mit meiner Erfahrung und mit meinem erlangten Wissen mein Repertoire an Rezepten erweitern.

Wenn Sie Fragen oder Anregungen haben, können Sie gerne meine Website besuchen:
www.das-low-carb-backbuch.de.

Backrezepte – mal ganz anders

Ob Kuchen, Muffins, Kekse, Torten, Süßspeisen oder auch Brot und Brötchen – alles lässt sich ohne Mehl und Zucker zubereiten. Nun können Sie ohne oder mit ganz wenig Kohlenhydraten genießen!

Schokoladenkuchen

Ein wahrer Schokoladen-Genuss

▶ **für 1 Springform (⌀ 20 cm) mit Rohrboden**

braucht etwas mehr Zeit
🕐 **30 Min. + 50 Min. backen**
25 g Bitterschokolade 85 % · 2 EL Schlagsahne · 6 Eier ·
200 g weiche Butter · 120 g Xylit-Zucker · 150 g gem.
Haselnüsse · 2 EL Kakaopulver · ½ Fl. Backaroma Rum ·
1 ½ TL Natron

- Die Schokolade mit der Sahne im Wasserbad schmelzen.
- Die Eier trennen; das Eiweiß zu Eischnee steif schlagen.
  Den Backofen auf 200 Grad vorheizen.
- Butter, Eigelbe und Xylit-Zucker in einer großen Schale
  schaumig rühren, bis die Masse hell und cremig ist.
- Nach und nach die Nüsse, das Kakaopulver, die geschmol-
  zene Schokolade und das Rum-Aroma unterrühren.
- Jetzt mit einem Spatel den Eischnee unter die Teigmasse
  heben und zum Schluss das Natron unterrühren.
- Die Masse in die gefettete Springform füllen und in den
  vorgeheizten Ofen stellen.
- Nach 5–10 Minuten den Ofen auf 170 Grad runterdrehen
  und den Schokokuchen etwa 40–45 Minuten backen.
  Stäbchenprobe.

Variante: Sie mögen es etwas süßer? Nehmen Sie ruhig
etwas mehr Xylit-Zucker.

KUCHEN

Schokoladenkuchen ohne Nüsse

Ein saftiger Schokogenuss

gelingt leicht
🕐 **20 Min. +**
45 Min. backen

5 Eier · 120 g Xylit-Zu-
cker · 4 EL Sojamehl ·
1 TL Johannisbrotkern-
mehl · ½ Pck. Back-
pulver · ½ Fl. Back-
aroma Butter-Vanille ·
2 TL Kakaopulver oder
30 g Bitterschokolade
85 % · 1 EL weiche Butter

▶ **für 1 Springform (⌀ 18 cm) mit Rohrboden oder**
1 kleine Kastenform

- 4 Eier trennen, das Eiweiß steif schlagen und beiseite
  stellen.
- Den Backofen auf 170 Grad vorheizen.
- Die 4 Eigelbe und das ganze Ei mit dem Xylit-Zucker
  ca. 3 Minuten lang kräftig verrühren, bis die Masse
  schön hell und cremig ist.
- Danach Sojamehl, Johannisbrotkernmehl und Backpulver zusammen durch ein Sieb in die Masse geben und
  kräftig mit dem Mixer verrühren.
- Jetzt die übrigen Zutaten dazugeben. Den Eischnee mit
  einem Spatel darunterheben und den Teig in die gefettete Backform geben.
- Im vorgeheizten Backofen 40–50 Minuten backen.
  Stäbchenprobe.

Mit Schokolade anstelle von Kakaopulver schmeckt
der Kuchen noch saftiger und schokoladiger: einfach
30 g Bitterschokolade im Wasserbad mit 2 Esslöffeln
Sahne oder Milch auflösen und unter den Teig rühren.

Brownies

Super lecker!

▶ für 1 kleines Blech 32 x 20 cm

braucht etwas mehr Zeit
🕐 25 Min. + 30 Min. backen
4 Eier · 1 Vanilleschote · 25 g Bitterschokolade 85 % · 100 g weiche Butter ·
40 g Kakaopulver · 150 g Xylit-Zucker ·
140 g gem. Haselnüsse · ¾ TL Natron

- Den Backofen auf 170 Grad vorheizen.
- Die Eier trennen und das Eiweiß zu
  Eischnee schlagen. Das Mark aus der
  Vanilleschote schaben.
- Die Schokolade klein hacken und zusammen mit der Butter im Wasserbad
  schmelzen.
- Kakaopulver mit dem Rührgerät unter
  die Butter-Schoko-Mischung rühren.
- Xylit-Zucker, gemahlene Nüsse, Natron und Vanillemark einrühren – die
  Masse wird ziemlich fest. Zum Schluss
  den Eischnee vorsichtig unterheben.
- Den Teig auf dem gefetteten Blech
  verteilen und im vorgeheizten Ofen
  20–30 Minuten backen. Stäbchenprobe.

Variante: Vor dem Backen ein paar Walnüsse auf dem Teig verteilen.

Mokkakuchen

Auch warm schmeckt er köstlich.

▶ für 1 Springform (⌀ 20 cm)
   mit Rohrboden

braucht etwas mehr Zeit
🕐 25 Min. + 50 Min. backen
4 Eier · 30 g Bitterschokolade 85 % ·
1 EL Sahne · 100 g weiche Butter ·
130 g Xylit-Zucker · 2 EL heißer starker
Kaffee · ½ Pck. Backpulver · 50 g gem.
Haselnüsse · 200 g gem. Mandeln ·
2 EL Rum

- Eier trennen. Eiweiße steif schlagen.
- Schokolade mit der Sahne schmelzen
  – am besten im Wasserbad. Den Backofen auf 180 Grad vorheizen.
- Butter und Zucker schaumig schlagen.
- Eigelbe einzeln einrühren, dann auf
  höchster Stufe schlagen, bis die Masse
  hell und cremig ist.
- Kaffee, Backpulver, Haselnüsse und
  150 g Mandeln zugeben und gut vermischen.
- Das steif geschlagene Eiweiß unterheben. Die Backform mit den restlichen
  Mandeln ausstreuen und den Teig hineinfüllen. 40–50 Minuten backen.
- Noch warm mit Rum beträufeln und
  auskühlen lassen.

Kleiner Marmorkuchen
Ein fluffiger Marmortraum!

▶ **für 1 ⌀ Springform (⌀ 18 cm) mit Rohrboden**

- Die Eier trennen und das Eiweiß steif schlagen.
- Weiche Butter, Eigelbe und Xylit-Zucker mit dem Mixer 3–4 Minuten auf höchster Stufe kräftig verrühren, bis die Masse schön hell und cremig ist. Den Backofen auf 170 Grad vorheizen.
- Nun Sojamehl, Johannisbrotkernmehl und Backpulver in die Teigmasse sieben und unterrühren.
- Das Vanillearoma einrühren und zum Schluss den Eischnee mit einem Teigschaber unterheben.
- 2–3 Esslöffel Teig abnehmen und in einer kleinen Schale mit Kakao und ½ Esslöffel Xylit-Zucker verrühren.
- Den hellen Teig in die gefettete Form geben und den dunklen Teig daraufgeben. Dann mit einer Gabel spiralförmig den dunklen Teig unter den hellen Teig ziehen.
- Im vorgeheizten Backofen 40–55 Minuten backen. Stäbchenprobe.

braucht etwas mehr Zeit
🕐 **20 Min. +**
55 Min. backen
3 Eier · 1 EL weiche Butter · 100 g Xylit-Zucker · 4 gehäufte EL Sojamehl · 1 TL Johannisbrotkernmehl · ½ Pck. Backpulver · ½ Fl. Backaroma Vanille · 1½ TL Kakao · ½ EL Xylit-Zucker

Tipp

Zur Verzierung kann man nach dem Abkühlen etwas puderfeines Sukrin (SukrinMelis) über den Kuchen streuen.

23

Kleiner Zitronenkuchen

Ruckzuck fertig und sehr lecker!

gelingt leicht
🕑 **20 Min. +**
50 Min. backen

3 große Eier · 120 g Xylit-Zucker · 4 EL Sojamehl · 1 TL Johannisbrotkernmehl · ½ Pck. Backpulver · ½ Fl. Backaroma Zitrone · ½ unbehandelte Zitrone

▶ **für 1 Springform (∅ 18 cm) mit Rohrboden**

- Die Eier trennen. Das Eiweiß sehr steif schlagen und beiseite stellen. Den Backofen auf 200 Grad vorheizen.
- Eigelbe und Xylit-Zucker etwa 3 Minuten kräftig verrühren. Danach Sojamehl, Johannisbrotkernmehl und Backpulver durch ein Sieb in die Masse geben und mit dem Mixer unterrühren.
- Die Zitronenschale abreiben und die Zitrone auspressen. Zitronenaroma, etwas Saft und die Zitronenschale zum Teig geben.
- Nun mit einem Spatel den Eischnee darunterheben. Die Backform fetten und den Teig hineinfüllen.
- Die Temperatur auf 170 Grad herunterdrehen und den Kuchen 40–50 Minuten backen. Stäbchenprobe.

Tipp

Nach Belieben können Sie den Kuchen nach dem Erkalten mit etwas puderfeinem Sukrin (SukrinMelis) bestreuen.

Zitronenschnitten

Diese Zitronenschnitten kommen überall gut an.

gelingt leicht

🕐 **25 Min. +
35 Min. backen**

½ unbehandelte Zitrone ·
3 große Eier · 110 g Xylit-
Zucker · 80 g weiche
Butter · 4 EL Sojamehl ·
1 TL Johannisbrotkern-
mehl · ½ Pck. Backpul-
ver · ¾ Fl. Backaroma
Zitrone

▶ **für 1 mittelgroßes Blech (40 × 28 cm)**

– Die Zitronenschale reiben und die Zitrone auspressen.
Drei Viertel des Zitronensaftes mit 1 Teelöffel Xylit-Zucker vermengen und beiseite stellen.

– Die Eier trennen. Das Eiweiß steif schlagen und zur Seite
stellen. Den Backofen auf 190 Grad vorheizen.

– Eigelbe, Xylit-Zucker und weiche Butter mit dem Mixer
3–4 Minuten kräftig verrühren.

– Nach und nach Sojamehl, Johannisbrotkernmehl und
Backpulver durch ein Sieb dazugeben. Das Zitronenaroma zufügen und alles mit dem Mixer kräftig verrühren.

– Zum Schluss den Eischnee darunterheben.

– Das Blech fetten und den Teig darauf verteilen. Im vorgeheizten Ofen 25–35 Minuten backen. Stäbchenprobe.

– Den noch warmen Kuchen mit dem beiseite gestellten
Zitronen-Zucker-Gemisch bepinseln.

Käsekuchen
Der Schnelle

▶ für 1 Springform(∅ 24 cm)

gelingt leicht
🕐 **20 Min. + 45 Min. backen**
500 g Quark (20 % Fett i. Tr.) ·
500 g Quark (40 % Fett i. Tr.) · 1 Becher
saure Sahne · 6 Eier · ½ Pck. Puddingpulver (Vanille) · 170 g Xylit-Zucker ·
3 EL Sojamehl · ½ TL Johannisbrotkernmehl · ½ TL Backpulver

- Die Eier trennen und die Eiweiße sehr
  steif schlagen. Den Backofen auf 200
  Grad vorheizen.
- Die Eigelbe mit den anderen Zutaten
  verrühren, dabei das Sojamehl in die
  Schüssel sieben.
- Zum Schluss vorsichtig den Eischnee
  unterheben.
- Die Springform gut einfetten und die
  Käsekuchenmasse einfüllen. Im vorgeheizten Ofen 25 Minuten backen,
  dann auf 175 Grad herunterschalten
  und noch mal 20 Minuten backen.

Käsekuchen ohne Boden
Frisch, leicht & lecker

▶ für 1 Springform (∅ 24 cm) oder
1 kleines Blech (32 × 20 cm)

gelingt leicht
🕐 **15 Min. + 60 Min. backen**
1 ½ Vanillestangen · 200 g weiche
Butter · 170 g Xylit-Zucker · 6 Eier ·
1 Pck. Backpulver · 3 EL Sojamehl ·
1 kg Magerquark

- Das Mark aus den Vanillestangen
  schaben.
- Die Butter mit Zucker, Vanillemark
  und Eiern schaumig rühren, bis die
  Masse schön hell und cremig ist.
- Den Backofen auf 180 Grad vorheizen.
  Backpulver mit Sojamehl vermischen
  und unterrühren.
- Den Quark dazugeben und alles gut
  verrühren.
- Die Backform fetten, die Masse hineinfüllen und im vorgeheizten Ofen
  50–60 Minuten backen.

Marions Käsekuchen

Super lecker, kommt immer gut an.

▶ **für 1 kleines Blech (32 × 20 cm)**

- Die Eier trennen. Das Eiweiß steif schlagen. Das Mark aus den Vanillestangen schaben.
- Butter, Xylit-Zucker und das Vanillemark schaumig schlagen. Den Backofen auf 175 Grad vorheizen.
- Etwas Schale von der Zitrone raspeln, dann den Saft auspressen. Den Zitronensaft zur Butter-Zucker-Mischung hinzufügen und nach und nach die Eigelbe unterrühren.
- Den Magerquark unterheben. Sojamehl und Backpulver mischen und durch ein Sieb zum Teig geben. Mit dem Mixer auf kleiner Stufe unterheben.
- Die Sahne cremig schlagen. Die Sahne und den Eischnee unter die Masse mischen.
- Ein kleines Kuchenblech (ca. 32 × 20 cm) fetten und die Masse darauf verteilen. Im vorgeheizten Ofen 35–40 Minuten backen. Stäbchenprobe.

braucht etwas mehr Zeit
🕑 **25 Min. +**
40 Min. backen
4 Eier · 1 ½ Stangen Vanille · 100 g weiche Butter · 100 g Xylit-Zucker · ½ unbehandelte Zitrone · 500 g Magerquark · 3½ EL Sojamehl · ½ TL Backpulver · ½ Becher Sahne

29

Frischkäse-Mandel-Kuchen

Ein frischer Frühlingsgruß!

▶ **für 1 Springform (⌀ 20 cm)**

gelingt leicht
🕐 **20 Min. + 50 Min. backen**
6 Eier · 150 g Butter · 150 g Xylit-Zucker ·
200 g Frischkäse · 2 EL Zitronensaft ·
400 g gem. Mandeln

- Die Eier trennen, das Eiweiß sehr steif schlagen. Den Backofen auf 175 Grad vorheizen.
- Eigelbe, Butter und Xylit-Zucker kräftig verrühren. Frischkäse und Zitronensaft unterrühren.
- Den Eischnee abwechselnd mit den Mandeln vorsichtig unter die Butter-Eigelb-Mischung heben.
- Eine Springform fetten, die Masse hineinfüllen und 40–50 Minuten backen.

Tipp

Nach Belieben können Sie den Kuchen nach dem Erkalten mit etwas puderfeinem Sukrin (SukrinMelis) bestreuen.

Mandelkuchen

Köstlich – mit Gelinggarantie!

▶ **für 1 kleines Blech (32 × 20 cm)**

gelingt leicht
🕐 **20 Min. + 40 Min. backen**
4 Eier · ½ TL Zitronensaft · 200 g gem.
Mandeln · 150 g Xylit-Zucker · 1 Prise
Zimt · ½ TL abgeriebene Zitronenschale
unbehandelt · 2 EL Whisky, Rum oder
Cognac · ½ TL Natron · Fett für die Backform · 1 Handvoll Mandelblättchen

- Die Eier trennen. Das Eiweiß zusammen mit dem Zitronensaft sehr steif schlagen.
- Den Backofen auf 150 Grad vorheizen.
- Aus den Eigelben, Mandeln, Xylit-Zucker, Zimt, Zitronenschale, Whisky und Natron einen Rührteig herstellen.
- Den Eischnee vorsichtig unter den Teig heben.
- Die Form einfetten und den Teig einfüllen. Zum Abschluss ein paar Mandelblättchen darauf streuen.
- Im vorgeheizten Backofen etwa 40 Minuten backen. Stäbchenprobe. Auf dem Blech auskühlen lassen.

Nusskuchen

Geht schnell und gelingt immer.

▶ **für 1 Springform (⌀ 20 cm) mit Rohrboden**

gelingt leicht
🕑 **15 Min. + 60 Min. backen**
7 Eier · 150 g weiche Butter · 120 g Xylit-Zucker · 350 g gem. Haselnüsse · ½ Pck. Backpulver · Fett und gem. Haselnüsse für die Form

- Eier trennen, Eiweiß sehr steif schlagen. Den Backofen auf 180 Grad vorheizen.
- Eigelbe, Butter und Xylit-Zucker mit dem Mixer etwa 3 Minuten auf höchster Stufe verrühren, bis die Masse schön hell und cremig ist.
- Anschließend Haselnüsse und Backpulver dazugeben und unterrühren.
- Das steif geschlagene Eiweiß vorsichtig unterheben.
- Die Springform mit Butter ausstreichen, den Boden mit etwas gemahlenen Haselnüssen ausstreuen und den Teig darauf verteilen.
- Den Nusskuchen 50–60 Minuten backen. Stäbchenprobe.

Walnusskuchen

Ein Muss für Nussfans!

▶ **für 1 Springform (⌀ 20 cm) mit Rohrboden oder 1 kleines Blech (32 × 20 cm)**

gelingt leicht
🕑 **20 Min. + 50 Min. backen**
6 Eier · 300 g Walnusskerne · 100 g weiche Butter · ½ Pck. Backpulver · 120 g Xylit-Zucker

- Eier trennen. Eiweiß sehr steif schlagen. Walnusskerne mahlen. Den Backofen auf 170 Grad vorheizen.
- Eigelb, Butter, Backpulver und Xylit-Zucker mit dem Mixer auf höchster Stufe etwa 3 Minuten verrühren, bis die Masse hell und cremig ist.
- Dann die selbst gemahlenen Walnüsse dazugeben und unterrühren.
- Das steif geschlagene Eiweiß vorsichtig unter die Walnussmasse heben.
- Die Form fetten, den Teig einfüllen und im vorgeheizten Backofen 40–50 Minuten backen. Stäbchenprobe.

Tipp

Man kann die Form nach dem Einfetten mit einem Rest der gemahlenen Walnüsse ausstreuen. Das ergibt eine nussig-knusprige Kruste.

Nusskuchen mit Baileys

Besonders lecker mit etwas Schlagsahne

gelingt leicht
🕐 **20 Min. +**
60 Min. backen

8 Eier · ½ Zitrone ·
100 g Butter · 200 g Xylit-
Zucker · 1 Pck. Back-
pulver · 100 ml Baileys ·
200 g gem. Haselnüsse ·
200 g gem. Mandeln ·
200 g gem. Kokosnuss

▶ **für 1 Springform (⌀ 20 cm) mit Rohrboden**

- 4 Eier trennen und das Eiweiß steif schlagen. Den Backofen auf 175 Grad vorheizen.
- Die halbe Zitrone auspressen.
- Die 4 Eigelbe und die restlichen Eier mit Butter, Xylit-
  Zucker, Backpulver, Baileys und Zitronensaft schaumig
  rühren, bis die Masse schön hell und cremig ist.
- Nüsse, Mandeln, Kokosnuss und Eischnee in die Masse
  geben und alles vorsichtig unterheben.
- Die Springform fetten, die Teigmasse hineinfüllen und
  im vorgeheizten Ofen etwa 60 Minuten backen. Stäbchenprobe.

Variante: Nach dem Abkühlen kann man den Kuchen mit
etwas Schokoladenglasur verzieren.

Für Diabetiker: Vorsicht! Baileys und gemahlene Kokosnuss erhöhen den Blutzucker.

Saftige Mohnfüllung

Macht jeden Mohnkuchen zum Genuss.

gut vorzubereiten
🕐 **20 Min.**

1 Vanilleschote ·
200 ml Sojamilch ·
120 g Xylit-Zucker ·
40 g Butter · 1 Packung
gem. Mohn (200 g) ·
2 TL Vanillepuddingpul-
ver · etwas Zitronensaft ·
1 Ei

▶ **Füllung für 1 Mohnkuchen**

- Das Mark aus der Vanillestange schaben.
- Sojamilch, Xylit-Zucker, Vanillemark und Butter im Topf erhitzen und kurz aufkochen, den gemahlenen Mohn dazugeben und gut verrühren.
- Von der Kochstelle nehmen und das Puddingpulver unterrühren. Abkühlen lassen, dabei immer wieder rühren.
- Während des Abkühlens einen Spritzer Zitronensaft dazugeben.
- Wenn die Mohnmasse gut abgekühlt ist, das Ei zugeben und gut verrühren. Fertig!

Tipp

Wenn Sie die Mohnfüllung vorbereiten möchten, geben Sie das Ei erst kurz vor der Verwendung zu! Bewahren Sie die Mohnfüllung im Kühlschrank auf.

Mohnkuchen mit saftiger Mohnfüllung (S. 36) ▶

Mohnkuchen

Super saftig – so muss Mohnkuchen schmecken.

anspruchsvoll
🕑 **40 Min. +**
60 Min. backen
Mohnfüllung (Seite 34)
4 Eier · 1 Prise Salz ·
125 g weiche Butter ·
1 TL Backpulver ·
100 g Xylit-Zucker

▶ **für 1 Springform (⌀ 20 cm)**

- Zuerst die Mohnfüllung herstellen, siehe Rezept saftige Mohnfüllung (Seite 34).
- Den Backofen auf 180 Grad vorheizen.
- Die Eier trennen. Das Eiweiß mit dem Salz steif schlagen.
- Die Eigelbe mit weicher Butter, Backpulver und Xylit-Zucker kräftig verrühren, bis die Masse schön hell und cremig ist.
- Dann die selbst gemachte Mohnfüllung unterrühren. Den Eischnee unter die Masse heben.
- Die Springform einfetten und den Teig hineinfüllen. Im vorgeheizten Ofen 45–60 Minuten backen. Stäbchenprobe.

Tipp

Man kann auch fertige Mohnfüllung kaufen, diese enthält aber viele Kohlenhydrate. Daher empfehle ich Ihnen, die Mohnfüllung lieber selbst zu machen. Für Diabetiker ist besondere Vorsicht geboten: Handelsübliche Mohnfüllungen erhöhen den Blutzucker.

Mohnkuchen mit Nüssen

Da wird jeder zum Mohnkuchenliebhaber.

▶ **für 1 Springform(∅ 24 cm)**

- Zuerst die Mohnfüllung herstellen, siehe Rezept saftige Mohnfüllung (Seite 34).
- Wer Walnüsse verwenden möchte, muss diese mit dem elektrischen Zerkleinerer fein mahlen. Das Mark aus der Vanillestange schaben.
- Dann die Eier trennen. Das Eiweiß mit Salz steif schlagen und das Vanillemark dazugeben.
- Die Zitronenschale abreiben.
- Die weiche Butter mit Xylit-Zucker und Zitronenschale schaumig rühren, die Eigelbe nach und nach dazugeben. Etwa 3 Minuten auf höchster Stufe mit dem Mixer rühren.
- Den Backofen auf 180 Grad vorheizen. Mohnfüllung, gemahlene Nüsse, Zimt, Nelkenpulver und Backpulver miteinander vermischen.
- Die Eigelbmasse behutsam mit dem Eischnee vermengen und die Mohn-Nuss-Mischung unterheben. Die Springform fetten und den Teig hineinfüllen.
- Den Kuchen etwa 1 Stunde backen. Stäbchenprobe.
- Nach dem Erkalten aus der Form lösen.

anspruchsvoll
🕐 40 Min. +
60 Min. backen
Mohnfüllung (Seite 34) · 130 g Walnüsse oder gem. Haselnüsse · 1 Vanillestange · 9 Eier · 1 Prise Salz · 250 g weiche Butter · 1 unbehandelte Zitrone · 120 g Xylit-Zucker · 1 Prise Zimt · 1 Prise Nelkenpulver · 1 TL Backpulver

Tipp

Man kann auch fertige Mohnfüllung kaufen, diese enthält aber viele Kohlenhydrate. Daher empfehle ich Ihnen, die Mohnfüllung lieber selbst zu machen. Für Diabetiker ist besondere Vorsicht geboten: Handelsübliche Mohnfüllungen erhöhen den Blutzucker.

Heikes Möhrenkuchen

Schmeckt der ganzen Familie!

▶ **für 1 Springform (⌀ 20 cm) mit Rohrboden**

- Die Eier trennen, das Eiweiß sehr steif schlagen. Das Mark aus der Vanillestange schaben.
- Die Eigelbe mit dem Xylit-Zucker und dem Vanillemark schaumig schlagen, bis die Masse hell und cremig ist.
- Die Möhren waschen, schälen und fein reiben. Den Backofen auf 175 Grad vorheizen.
- Nüsse und Möhren zur Eigelb-Zucker-Masse geben. Backpulver, Sojamehl und Johannisbrotkernmehl hineinsieben und unterrühren.
- Den Eischnee vorsichtig unterheben.
- Die Springform fetten, den Teig hineinfüllen und im vorgeheizten Ofen 45–60 Minuten backen. Stäbchenprobe.

Tipp

Nach Belieben können Sie den Kuchen nach dem Erkalten mit etwas puderfeinem Sukrin (SukrinMelis) bestreuen.

braucht etwas mehr Zeit
🕐 **35 Min. +**
60 Min. backen
4 Eier · ½ Vanillestange ·
150 g Xylit-Zucker ·
250 g Möhren ·
250 g gem. Haselnüsse ·
½ Pck. Backpulver ·
3 EL Sojamehl · 1 TL
Johannisbrotkernmehl

Möhrenkuchen oder -muffins

Sehr lecker und saftig!

gelingt leicht
🕐 **30 Min.**
+ 30–50 Min. backen

4 große Eier · 150 g Xylit-
Zucker · 250 g Möhren ·
1 Vanillestange ·
250 g gem. Haselnüsse ·
½ Pck. Backpulver ·
1 Msp. Zimt · 3 EL Rum ·
Fett und etwas gem.
Haselnüsse für die Form

▶ **für 1 Springform (⌀ 20 cm) mit Rohrboden oder 6 Muffinformen**

- Eier trennen, Eiweiß sehr steif schlagen.
- Eigelbe und Xylit-Zucker kräftig verrühren, bis die Masse cremig ist.
- Den Backofen auf 175 Grad vorheizen.
- Die Möhren schälen und fein reiben. Das Mark aus der Vanillestange schaben.
- Die geriebenen Möhren, das Vanillemark und die restlichen Zutaten – bis auf den Eischnee – zügig unter die Ei-Zucker-Masse mischen.
- Den Eischnee vorsichtig unterheben.
- Kuchen- oder Muffinform fetten, mit Haselnüssen ausstreuen und den Teig einfüllen.
- Den Kuchen 45–50 Minuten bzw. die Muffins 25–30 Minuten backen. Stäbchenprobe.

Karotten-Mandel-Kuchen

Der bleibt nicht lange stehen!

▶ **für 1 Springform (⌀ 20 cm) mit Rohrboden**

braucht etwas mehr Zeit
🕐 35 Min. + 50 Min. backen
300 g Karotten · 5 Eier · 1 Vanille-schote · 150 g Xylit-Zucker · 1 TL Zimt · 300 g gemahlene Mandeln

- Karotten schälen und fein reiben. Den Backofen auf 190 Grad vorheizen.
- Eier trennen, Eiweiß zu steifem Ei-schnee schlagen. Das Mark aus der Vanilleschote schaben.
- Eigelb mit Zucker und Vanillemark sehr schaumig rühren.
- Geriebene Karotten und Zimt zur Eimasse geben. Mandeln dazugeben und unterrühren.
- Eischnee vorsichtig unterheben.
- Die Springform fetten, die Masse hi-neinfüllen und im vorgeheizten Ofen etwa 50 Minuten backen. Stäbchen-probe.

Ellas Weihnachts-kekskuchen

Im Advent genau das Richtige

▶ **für 1 kleines Blech (40 × 28 cm)**

gelingt leicht
🕐 15 Min. + 30 Min. backen
3 Eier · 150 g Xylit-Zucker · 150 g gem. Mandeln · 150 g gem. Haselnüsse · 1 TL Zimt · je 15 g Orangeat und Zitronat

- Eier trennen, Eiweiß steif schlagen und zur Seite stellen. Den Backofen auf 170 Grad vorheizen.
- Eigelbe und Xylit-Zucker verrühren, bis die Masse schön cremig ist.
- Dann die Eigelb-Zucker-Masse mit den gemahlenen Mandeln, Nüssen, Zimt, Orangeat und Zitronat mischen.
- Den Eischnee unterheben.
- Ein kleines Backblech fetten und die Masse darauf verteilen. Im vorgeheiz-ten Ofen 20–30 Minuten backen. Stäb-chenprobe.
- Nach dem Abkühlen in kleine Quadra-te schneiden.

Für Diabetiker: Vorsicht! Orangeat und Zitronat erhöhen den Blutzucker.

Weiche Lebkuchen-Brownies

Ein locker-fluffiger Weihnachtsgenuss!

braucht etwas mehr Zeit
⏱ **20 Min. +**
30 Min. backen
4 große Eier · ½ Vanille-
schote · 25 g Bitter-
schokolade 85 % ·
100 g weiche Butter ·
140 g Xylit-Zucker ·
140 g gem. Haselnüsse ·
¾ TL Natron · 1 Tüte
Lebkuchengewürz

▶ **für 1 kleines Blech (32 × 20 cm)**

- Eier trennen und das Eiweiß zu Eischnee schlagen. Das Mark aus der Vanillestange schaben.
- Die Schokolade in kleine Stücke brechen und zusammen mit der Butter schmelzen – am besten im Wasserbad. Den Backofen auf 170 Grad vorheizen.
- Die Eigelbe mit dem Zucker kräftig verrühren, bis die Masse hell und cremig ist.
- Jetzt die Butter-Schoko-Mischung dazugeben und kräftig rühren; danach das Vanillemark und die restlichen Zutaten einrühren und nicht wundern, die Masse wird ziemlich fest.
- Den Eischnee vorsichtig unterheben.
- Ein kleines Blech fetten, den Teig darauf verteilen, glätten und 20–30 Minuten backen. Stäbchenprobe.

Für Diabetiker: Vorsicht! Lebkuchengewürz erhöht den Blutzucker.

Man kann auch eine ähnlich große Bräterform neh-men. Für ein normal großes Kuchenblech die doppelte Menge Teig zubereiten.

Nuss-Zimt-Schnitten mit Baiserhaube
Etwas Besonderes für die Weihnachtszeit

▶ **für 1 kleines Blech (32 × 20 cm)**

- Die Eier trennen, das Eiweiß zu steifem Schnee schlagen.
- Danach mit einem Schneebesen den Xylit-Zucker unter den Eischnee heben.
- Bei der Verwendung von Walnüssen diese mit einem elektrischen Zerkleinerer mahlen. Den Backofen auf 130 Grad vorheizen.
- Eigelbe und Zimt mit dem Mixer auf höchster Stufe verrühren, dann die gemahlenen Nüsse untermischen.
- Eine Hälfte des Eischnees unter die Nussmasse heben, die andere Hälfte beiseite stellen.
- Ein kleines Backblech mit Backpapier auslegen. Die Nussmasse daraufstreichen und zuletzt den beiseite gestellten Eischnee auf der Nussmasse verteilen.
- Etwa 35 Minuten backen, dann mit Alufolie abdecken und nochmals 20 Minuten backen.
- Noch heiß in Portionen schneiden.

anspruchsvoll
🕑 25 Min. +
55 Min. backen
3 große Eier ·
120 g Xylit-Zucker ·
200 g gem. Haselnüsse oder Walnüsse ·
½ TL Zimtpulver

43

Nusstorte

Schmückt jede Sonntagstafel

▶ **für 1 Mini-Springform (⌀ 18 cm)**

anspruchsvoll
🕐 **40 Min. + 60 Min. backen**
240 g gem. Walnüsse oder Haselnüsse · 7 Eier · 160 g Xylit-Zucker · 1 TL Backpulver · 2 EL Sojamehl · ½ TL Johannis-brotkernmehl · 250 ml Sahne

- Bei der Verwendung von Walnüssen diese mit einem elektrischen Zerkleinerer mahlen.
- Die Eier trennen. Das Eiweiß steif schlagen und beiseite stellen. Den Backofen auf 170 Grad vorheizen.
- Eigelb und 150 g Xylit-Zucker auf höchster Stufe mit dem Mixer verquirlen, bis die Masse hell und cremig ist.
- Backpulver, Sojamehl und Johannisbrotkernmehl in die Ei-Zucker-Masse sieben und 200 g der gemahlenen Nüsse dazugeben. Den Eischnee unterheben.
- Die Springform gut einfetten. Den Teig einfüllen und 45–60 Minuten backen. Stäbchenprobe.
- Für die Füllung 2 Teelöffel Xylit-Zucker in 2 Esslöffel Sahne einrühren und auflösen lassen.
- Wenn sich der Zucker gelöst hat, die übrige Sahne dazugeben und steif schlagen. Anschließend 40 g gemahlene Nüsse untermischen.
- Nach dem Erkalten des Tortenbodens den Boden in der Mitte durchschneiden und mit der Nuss-Sahne-Füllung füllen und verzieren.

TORTEN

Heller Tortenboden

Ohne Nüsse – für feine Torten.

gelingt leicht
🕑 **15 Min. +**
30 Min. backen
3 große Eier · 100 g Xylit-Zucker · 4 EL Sojamehl · 1 TL Johannisbrotkern-mehl · ½ Pck. Backpulver

▶ **für 1 Tortenbodenform oder Springform**

- Zwei Eier trennen, das Eiweiß steif schlagen und beiseite stellen. Den Backofen auf 170 Grad vorheizen.
- Die Eigelbe, das ganze Ei und den Xylit-Zucker mit dem Mixer etwa 3 Minuten auf höchster Stufe verrühren, bis die Masse hell und cremig ist.
- Danach Sojamehl, Johannisbrotkernmehl und Backpulver durch ein Sieb in die Teigmasse geben und mit dem Mixer unterrühren.
- Den Eischnee mit einem Spatel darunterheben. Eine Form fetten und den Teig hineingeben.
- Im vorgeheizten Backofen 30–35 Minuten backen. Stäbchenprobe.

Tipp

Ich kombiniere diesen Tortenboden gerne mit meiner Buttercreme (Seite 51) oder zaubere Obsttorten daraus. Für eine Obsttorte eignet sich am besten eine 24- oder 26er Springform, für eine Doppelstocktorte eine 18er Springform.

Dunkler Tortenboden

Für raffinierten Tortenspaß!

gelingt leicht
⏱ **15 Min. +**
30 Min. backen

4 große Eier · 1 Vanille-
stange · 60 g Xylit-
Zucker · 125 g gem. Man-
deln oder Haselnüsse ·
1 ½ TL Kakaopulver

▶ **für 1 Tortenbodenform, 1 Springform**
oder 1 kleines Blech (32 × 20 cm)

- Eier trennen und das Eiweiß sehr steif schlagen. Den
  Backofen auf 170 Grad vorheizen.
- Das Mark aus der Vanilleschote schaben. Eigelb, Vanille-
  mark und Xylit-Zucker 3–4 Minuten schaumig schlagen.
- Haselnüsse oder Mandeln und Kakaopulver unter die Ei-
  gelbmasse rühren.
- Den steif geschlagenen Eischnee unterheben.
- Tortenbodenform, Springform oder kleines Blech gut
  einfetten. Teig einfüllen.
- Im vorgeheizten Ofen etwa 30 Minuten backen. Stäb-
  chenprobe.

Tipp

Die Tortenböden lassen sich gut einfrieren. Nach dem
Auftauen noch einmal 5 Minuten im Ofen bei 150 Grad
aufbacken – dann schmecken sie wie frisch gebacken.

Mandeltortenboden

Für fruchtig-leckere Obsttorten

▶ **für 1 Tortenbodenform, 1 Springform oder 1 kleines Blech (32 × 20 cm)**

gelingt leicht

🕐 **15 Min. + 30 Min. backen**

4 große Eier · 1 Vanillestange · 60 g Xylit-Zucker · 125 g gemahlene Mandeln

- Eier trennen und Eiweiß steif schlagen. Den Backofen auf 170 Grad vorheizen.
- Das Mark aus der Vanilleschote schaben. Eigelb, Vanillemark und Xylit-Zucker 3–4 Minuten schaumig schlagen.
- Mandeln unter die Eigelbmasse rühren. Den steif geschlagenen Eischnee unterheben.
- Tortenbodenform, Springform oder kleines Blech gut einfetten. Teig einfüllen.
- Im vorgeheizten Ofen etwa 30 Minuten backen. Stäbchenprobe.

Nusstortenboden

Der Klassiker

▶ **für 1 Tortenbodenform, 1 Springform oder 1 kleines Blech (32 × 20 cm)**

gelingt leicht

🕐 **15 Min. + 30 Min. backen**

4 große Eier · ½ Vanillestange · 60 g Xylit-Zucker · 125 g gem. Haselnüsse

- Eier trennen und Eiweiß steif schlagen. Das Mark aus der Vanilleschote schaben.
- Den Backofen auf 170 Grad vorheizen. Eigelb, Vanillemark und Xylit-Zucker 3–4 Minuten schaumig schlagen.
- Gemahlene Haselnüsse unter die Eigelbmasse rühren. Den Eischnee unterheben.
- Tortenbodenform, Springform oder kleines Blech gut einfetten. Teig einfüllen.
- Im vorgeheizten Ofen etwa 30 Minuten backen. Stäbchenprobe.

Buttercreme

Lässt keine Wünsche offen.

anspruchsvoll
🕐 **35 Min.**

Für die Basiscreme:
120 g Xylit-Zucker ·
1 kleine Tasse Sahne
oder Milch · 1 TL Vanille-
puddingpulver · 250 g
weiche Butter · 2 Eigelbe

Je nach Geschmacks-
richtung:
150 g TK-Himbeeren
oder · 1 Vanillestange
oder · 1–2 EL Kakao bzw.
75 g Bitter-Schokolade
oder · 100 g gem. Nüsse

▶ **für 1 kleine Torte**

- Den Xylit-Zucker in die Sahne oder Milch geben und darin bei kleiner Hitze auflösen.
- Wenn der Xylit-Zucker aufgelöst ist, kurz aufkochen und das Puddingpulver dazugeben. Gut einrühren und sofort von der Kochstelle nehmen. Erkalten lassen, dabei immer wieder rühren (Die Masse ist sehr dickflüssig).
- Die Butter und die Eigelbe cremig rühren, dann die Sahne-Zucker-Pudding-Masse untermischen.
- Wenn die Buttercreme zu weich sein sollte, kurz in den Kühlschrank stellen, bis sie streichfähig ist. Anschließend kräftig mit dem Mixer umrühren.
- Das ist die Basis der Buttercreme. Jetzt die gewünschte Geschmacksrichtung unterrühren. Dafür entweder TK-Himbeeren antauen und pürieren oder Mark aus einer Vanillestange schaben oder Bitterschokolade schmelzen. Eine dieser Zutaten oder Kakao, gemahlene Nüsse oder was Ihnen sonst noch so einfällt – je nach Geschmack und Anlass – hinzufügen.

Für Diabetiker: Buttercreme erhöht den Blutzucker leicht.

Tipp

Bereiten Sie einen der Tortenböden aus diesem Buch in einer kleinen Springform zu und teilen ihn nach dem Backen horizontal. Anschließend mit der Buttercreme füllen und bestreichen – fertig ist eine leckere Buttercremetorte wie auf Seite 50!

Schokotortenboden ohne Nüsse

Eine Köstlichkeit!!

braucht etwas mehr Zeit
🕐 **20 Min. +**
30 Min. backen
25 g Bitterschokolade
85 % · 1 EL Sahne
3 große Eier ·
110 g Xylit-Zucker ·
1 EL weiche Butter ·
3 EL Sojamehl ·
½ TL Johannisbrot-
kernmehl · 1 TL Natron

▶ **für 1 Tortenbodenform, 1 Springform**
oder 1 kleines Blech (32 × 20 cm)

- Schokolade mit etwas Sahne im Wasserbad auflösen.
- Zwei Eier trennen, das Eiweiß steif schlagen. Den Back-ofen auf 170 Grad vorheizen.
- Die zwei Eigelbe und das ganze Ei mit dem Xylit-Zucker und der weichen Butter lange auf höchster Stufe mit dem Mixer verquirlen, bis die Masse hell und cremig ist.
- Dann Sojamehl und Johannisbrotkernmehl in die Masse sieben und unterrühren.
- Die geschmolzene Schokolade in die Teigmasse rühren und zum Schluss den Eischnee und das Natron unter-heben.
- Eine Form fetten und den Teig hineinfüllen.
- Im vorgeheizten Backofen etwa 30 Minuten backen. Stäbchenprobe.

Tipp

Die Teigmasse reicht für eine 24–26er Springform oder – bei einer Doppelstocktorte – für eine 18er Mini-Springform. Dieser Tortenboden eignet sich beispiels-weise gut für Tiramisu (Seite 87).

Käse-Sahne-Torte

Da bleibt nichts übrig.

▶ **Für 1 Torte – ergibt 8–12 Stücke**

- Zuerst einen Tortenboden ohne Nüsse (Seite 46) backen, am besten in einer Springform. Den Tortenboden in der Form auskühlen lassen.
- Für die Käse-Sahne-Füllung die Eier trennen, das Eiweiß steif schlagen. Die Sahne ebenfalls steif schlagen.
- Gelatine in einer Tasse mit heißem Wasser auflösen.
- Die Zitrone auspressen, das Mark aus der Vanillestange schaben.
- Eigelbe und Xylit-Zucker gut verrühren. Quark, Vanillemark und Zitronensaft dazugeben und unterrühren. Als letztes die aufgelöste Gelatine unterrühren.
- Wenn die Masse langsam fest wird, die geschlagene Sahne und den Eischnee unterziehen.
- Die Quarkmasse zügig auf den vorgebackenen Tortenboden, der noch in der Form ist, verteilen. Die Käse-Sahne-Torte etwa 1 Stunde in den Kühlschrank stellen, bis die Füllung fest genug ist.

Variante: Für eine etwas leichtere Variante Magerquark anstelle von Sahnequark nehmen.

anspruchsvoll
🕐 45 Min. +
30 Min. backen +
1 Std. Kühlzeit
1 Tortenboden ohne
Nüsse (Seite 46) ·
2 Eier · 250 ml Sahne ·
2 Beutel Gelatine ·
1 Zitrone · 1 Vanillestange · 100 g Xylit-Zucker · 500 g Sahnequark

Zitronen-Mascarpone-Torte

Eine kühle Gaumenfreude an heißen Sommertagen

braucht etwas mehr Zeit
🕑 **30 Min.**

1 Tortenboden ohne Nüsse (Seite 46) · ½ unbehandelte Zitrone · 2 EL Xylit-Zucker · 1 Vanillestange · 250 g Mascarpone · 250 g Sahne- oder Magerquark · geröstete Mandelblättchen oder geraspelte Zitronenschale zum Verzieren

▶ **für 1 Torte – ergibt 8 Stücke**

- Zuerst den Teig für einen Tortenboden ohne Nüsse (Seite 46) zubereiten. Die Zitronenschale abreiben und den Teig damit verfeinern. Den Zitronensaft auspressen und zur Seite stellen.
- Den Tortenboden in einer kleinen Springform oder auf einem kleinen Blech backen.
- Für die Mascarponecreme den Xylit-Zucker in 2 Esslöffeln Zitronensaft auflösen. Das Mark aus der Vanillestange schaben.
- Mascarpone, Quark und Vanillemark mit der Zitronensaft-Zucker-Mischung cremig rühren.
- Den erkalteten Tortenboden aus der Springform lösen und ein- oder zweimal waagerecht durchschneiden. Einen auf dem Blech gebackenen Boden halbieren.
- Die Schichten mit der Mascarponecreme bestreichen und zusammensetzen – dabei ist ein Tortenring hilfreich. Mit der restlichen Creme verzieren.
- Zum Schluss die Torte mit gerösteten Mandelblättchen oder geraspelter Zitronenschale dekorieren. Im Kühlschrank fest werden lassen.

Haselnuss-Sahne-Torte

Der nussig-sahnige Klassiker

anspruchsvoll
🕑 **40 Min. +**
30 Min. backen

Für den Boden

3 große Eier · 80 g zerlassene Butter · 80 g Xylit-Zucker · 1 TL Backpulver · 150 g gem. Haselnüsse

Für die Füllung

½ Vanilleschote ·
1 EL Xylit-Zucker ·
2 Becher Sahne ·
50 g gem. Haselnüsse

▶ **für 1 Mini-Springform (∅ 18 cm)**

- Eier trennen, Eiweiß steif schlagen. Den Backofen auf 175 Grad vorheizen.
- Eigelbe, Butter, Xylit-Zucker und Backpulver so lange auf höchster Stufe mit dem Mixer verquirlen, bis die Masse hell und cremig ist.
- Nach und nach 150 g gemahlene Haselnüsse dazugeben, zum Schluss den Eischnee darunterheben.
- Eine Mini-Springform fetten, die Masse hineinfüllen und 25–30 Minuten backen. Stäbchenprobe.
- Für die Sahnefüllung das Mark aus der Vanillestange schaben. Den Xylit-Zucker in etwas Sahne auflösen.
- Die Sahne steif schlagen und dabei nach und nach das Vanillemark, den aufgelösten Zucker und die Nüsse dazugeben.
- Den Tortenboden waagerecht durchschneiden. Auf die untere Hälfte einen Teil der Sahnemischung verteilen, dann die obere Hälfte darauflegen und die übrige Sahne – bis auf einen kleinen Rest – obendrauf und am Rand verstreichen. Mit dem Rest die Torte verzieren.

Herrentorte mit Rum

Nicht nur für die Herren.

▶ **für 1 Mini-Springform (⌀ 18 cm)**

- Die Eier trennen, das Eiweiß mit 70 g Xylit-Zucker steif schlagen. Den Backofen auf 200 Grad vorheizen.
- Die Schokolade schmelzen – am besten im Wasserbad.
- Eigelbe, Nüsse und Backpulver zur geschmolzenen Schokolade geben und gut vermischen. Zum Schluss den steif geschlagenen Eischnee unterheben.
- Eine Mini-Springform fetten und den Teig hineingeben.
- Etwa 30 Minuten backen. Stäbchenprobe.
- Für die Füllung 2 Teelöffel Xylit-Zucker in 2 Esslöffel Sahne einrühren und auflösen lassen.
- Wenn sich der Zucker gelöst hat, die übrige Sahne und Sahnesteif dazugeben und steif schlagen. Anschließend den Rum unterrühren.
- Den erkalteten Tortenboden aus der Springform lösen und ein- oder zweimal waagerecht durchschneiden.
- Drei Viertel der Rumsahne auf dem Tortenboden verteilen, mit der restlichen Füllung die Torte verzieren.

Für Diabetiker: Vorsicht! Bitterschokolade erhöht leicht den Blutzucker.

Tipp

Wer es noch etwas schokoladiger mag, der kann zusätzlich 1–2 Esslöffel Kakaopulver unter die Rumsahne rühren.

anspruchsvoll
🕐 40 Min. +
30 Min. backen
4 große Eier ·
80 g Xylit-Zucker ·
55 g Zartbitterschokolade 85 % · 100 g gem.
Haselnüsse · 2 TL Backpulver · 2 Becher Sahne ·
2 Pck. Sahnesteif ·
2 EL Rum

Muffins

Immer willkommen bei den Kollegen

▶ **für 6 Muffins**

gelingt leicht
🕐 **15 Min. + 25 Min. backen**
4 große Eier · 110 g Xylit-Zucker · 4 EL Sojamehl ·
1 TL Johannisbrotkernmehl · ½ Pck. Backpulver ·
½ Fl. Backaroma Mandel, Butter-Vanille oder Rum

- Drei Eier trennen, das Eiweiß steif schlagen und beiseite
  stellen. Den Backofen auf 170 Grad vorheizen.
- Die Eigelbe, das ganze Ei und den Xylit-Zucker etwa
  3 Minuten auf höchster Stufe mit dem Mixer verrühren,
  bis die Masse hell und cremig ist.
- Danach Sojamehl, Johannisbrotkernmehl und Backpulver durch ein Sieb zur Masse geben und mit dem Mixer
  unterrühren.
- Nun die Geschmacksrichtung bestimmen. Dafür Backaroma Mandel, Butter-Vanille oder Rum zugeben und
  gut verrühren.
- Zum Schluss den Eischnee mit einem Spatel unterheben.
  Eine Muffinform fetten oder mit Papierförmchen auslegen und die Masse hineinfüllen.
- Im vorgeheizten Backofen etwa 25 Minuten backen.
  Stäbchenprobe.

Variante: Anstelle des Backaromas kann man auch 25 g gehackte Bitterschokolade nehmen. Mit 2 Esslöffeln gemah-
lener Nüsse werden Nussmuffins daraus.

Zitronenmuffins

Locker und fluffig – ein echter Muffin-Genuss!

gelingt leicht
🕐 **15 Min. +**
25 Min. backen

3 große Eier · 110 g Xylit-Zucker · 4 EL Sojamehl · 1 TL Johannisbrotkern-mehl · ½ Pck. Backpul-ver · ½ Fl. Backaroma Zitrone · **etwas** geriebene Schale von einer unbe-handelten Zitrone

▶ **für 6 Muffins**

- Zwei Eier trennen, das Eiweiß sehr steif schlagen und beiseite stellen. Den Backofen auf 170 Grad vorheizen.
- Die Eigelbe, das komplette Ei und den Xylit-Zucker etwa 3 Minuten auf höchster Stufe mit dem Mixer verrühren.
- Danach Sojamehl, Johannisbrotkernmehl und Backpul-ver durch ein Sieb in die Masse geben und mit dem Mi-xer unterrühren.
- Zitronenaroma und Zitronenschale dazugeben. Zum Schluss den Eischnee mit einem Spatel unterheben.
- Die Muffinform fetten oder mit Papierförmchen ausle-gen und die Masse hineinfüllen.
- Im vorgeheizten Backofen etwa 25 Minuten backen. Stäbchenprobe.

Schoko-Haselnuss-Muffins

Kleine Kunstwerke

▶ **für 6 Muffins**

gelingt leicht
🕑 **20 Min. + 20 Min. backen**
6 große Eier · 200 g weiche Butter ·
120 g Xylit-Zucker · 1 Vanillestange ·
30 g Bitterschokolade 85 % · 250 g gem.
Haselnüsse · ½ Pck. Backpulver ·
2 EL Kakaopulver

- Die Eier trennen, das Eiweiß sehr steif schlagen und zur Seite stellen.
- Eigelbe, Butter und Xylit-Zucker schaumig schlagen, bis die Masse schön hell und cremig ist.
- Den Backofen auf 175 Grad vorheizen.
- Das Mark aus der Vanillestange schaben. Die Schokolade bei geringer Hitze oder im Wasserbad schmelzen.
- Vanillemark, Schokolade und die übrigen Zutaten nacheinander unter die Eigelbmasse rühren. Zum Schluss den Eischnee unterheben.
- Muffinform mit Butter ausstreichen oder mit Papierförmchen auslegen und den Teig darin verteilen.
- Die Muffins im vorgeheizten Ofen etwa 20 Minuten backen.

Nussberge

Für echte Nussfans

▶ **für 1 Blech**

gelingt leicht
🕑 **15 Min. + 25 Min. backen**
3 Eier · 120 g Xylit-Zucker ·
300 g gem. Haselnüsse

- Den Backofen auf 150 Grad vorheizen.
- Die Eier mit dem Zucker 3–4 Minuten cremig rühren.
- Die gemahlenen Nüsse dazugeben und untermischen.
- Ein Backblech fetten oder mit Backpapier auslegen. Mit zwei Teelöffeln kleine Teighäufchen daraufsetzen.
- Im vorgeheizten Ofen etwa 25 Minuten backen.

Kokos-Zimt-Makronen

Für alle, die Kokosnuss lieben.

▶ **für 40 Stück**

- Eiweiß und Salz steif schlagen. Das Mark aus der Vanillestange schaben. Den Backofen auf 160 Grad vorheizen.
- Xylit-Zucker oder Sukrin sieben und zusammen mit dem Vanillemark und dem Zimt in den Eischnee einrieseln lassen.
- So lange schlagen, bis sich der Xylit-Zucker gelöst hat.
- Kokosflocken unter die Schaummasse heben. Die Oblaten auf einem Backblech auslegen.
- Mit zwei Teelöffeln Häufchen aus der Schaummasse auf die Oblaten setzen und die Makronen im vorgeheizten Ofen etwa 20 Minuten backen.

Für Diabetiker: Vorsicht! Kokosflocken erhöhen den Blutzucker.

gelingt leicht
🕑 **25 Min. +**
20 Min. backen
4 Eiweiß · 1 Prise Salz ·
1 Vanillestange ·
170 g Xylit-Zucker oder
300 g puderfeines Sukrin
(SukrinMelis) · 1 TL Zimt
350 g Kokosflocken ·
40 Backoblaten

Haselnussmakronen
Ruckzuck fertig!

▶ **für 50 Makronen**

gelingt leicht
🕐 **20 Min. + 20 Min. backen**
5 Eiweiß · 170 g Xylit-Zucker oder
250 g puderfeines Sukrin (Sukrin-
Melis) · 450 g gem. Haselnüsse ·
50 Backoblaten · 50 ganze Haselnüsse
zum Dekorieren

- Das Eiweiß steif schlagen, dabei den
  Xylit-Zucker oder Puderzucker einrie-
  seln lassen.
- Den Backofen auf 140 Grad vorheizen.
- Gemahlene Haselnüsse unter den Ei-
  schnee heben.
- Ein Backblech mit Oblaten auslegen.
- Mit einem Esslöffel Häufchen von der
  Nuss-Eischnee-Masse auf die Oblaten
  setzten. In die Mitte jeweils eine Ha-
  selnuss drücken.
- Im vorgeheizten Backofen etwa
  20 Minuten backen.

Kokosmakronen
Eine Leckerei für den Herbst!

▶ **für 1 Blech**

gelingt leicht
🕐 **20 Min. + 30 Min. backen**
2 Eiweiß · 70 g Xylit-Zucker ·
120 g Kokosflocken ·
evtl. kleine Oblaten

- Den Backofen auf 150 Grad vorheizen.
- Das Eiweiß sehr steif schlagen, nach
  und nach den Xylit-Zucker dazugeben
  und immer weiter schlagen, bis die
  Masse glänzt.
- Löffelweise die Kokosflocken unterheben.
- Mit 2 Teelöffeln Teighäufchen auf ein
  mit Backpapier belegtes Backblech
  oder auf kleine Oblaten geben.
- Im vorgeheizten Ofen 20–30 Minuten
  backen.

Für Diabetiker: Vorsicht! Kokosflocken
erhöhen den Blutzucker.

Mandelmakronen

Für Mandelliebhaber

▶ **für 1 Blech**

gelingt leicht
🕐 **20 Min. + 30 Min. backen**
3 Eiweiße · 120 g Xylit-Zucker ·
2 Tropfen Backaroma Bittermandel ·
150 g gem. Mandeln

- Den Backofen auf 150 Grad vorheizen.
- Eiweiß sehr steif schlagen, Xylit-Zucker einrieseln lassen und so lange weiterschlagen, bis der Xylit-Zucker aufgelöst ist.
- Währenddessen das Bittermandelaroma zugeben.
- Dann vorsichig die gemahlenen Mandeln unterheben.
- Ein Backblech fetten oder mit Backpapier auslegen. Mit zwei Teelöffeln kleine Häufchen von der Mandelmasse daraufgeben.
- Im vorgeheizten Backofen 25–30 Minuten backen.

Walnussplätzchen

Ein Winterschmaus

▶ **für 1 Blech**

gelingt leicht
🕐 **30 Min. + 30 Min. backen**
200 g Walnusskerne · 2 Eiweiß ·
130 g Xylit-Zucker oder 100 g puderfeines Sukrin (SukrinMelis) ·
1 Fl. Backaroma Butter-Vanille

- Die Walnüsse mit dem elektrischen Zerkleinerer mahlen. Den Backofen auf 120 Grad vorheizen.
- Das Eiweiß steif schlagen. Dann die Schüssel mit dem steif geschlagenen Eiweiß in ein heißes Wasserbad stellen und den Zucker einrühren.
- So lange mit dem Schneebesen schlagen, bis die Eiweißmasse glänzt.
- Dann die gemahlenen Walnüsse und das Butter-Vanille-Aroma einrühren.
- Ein Backblech mit Backpapier belegen. Mit einem Teelöffel kleine Teighäufchen daraufsetzen und im vorgeheizten Backofen bei 120–150 Grad in 20–30 Minuten goldbraun backen.

65

Erdnusskekse

Wie Mr. Tom – aber selbst gemacht!

braucht etwas mehr Zeit
🕑 **35 Min. +**
50 Min. backen
150 g Erdnüsse (ohne
Salz) · 2 große Eier ·
120 g Xylit-Zucker ·
1 Prise Salz · ½ TL
Backpulver · 1 Handvoll
halbierte oder grob ge-
mahlene Erdnüsse

▶ **für 1 kleines Blech (32 × 20 cm) oder 1 Bräter**

- Die Erdnüsse mit dem elektrischen Zerkleinerer fein mahlen. Den Backofen auf 150 Grad vorheizen.
- Eier, Xylit-Zucker und Salz 3–4 Minuten auf höchster Stufe aufschlagen.
- Die gemahlenen Erdnüsse mit dem Backpulver mischen und unterrühren.
- Ein kleines Backblech mit Backpapier belegen. Den Teig darauf verteilen und glatt streichen.
- Zum Schluss die halbierten oder grob gemahlenen Erdnüsse darüberstreuen.
- Das Backblech in den vorgeheizten Ofen schieben und den Teig etwa 50 Minuten backen.
- Anschließend das Backblech auf ein Kuchengitter stellen und etwa 10 Minuten abkühlen lassen.
- Dann das Gebäck mit dem Backpapier vom Blech auf einen Kuchenrost ziehen und vollständig erkalten lassen. Danach in 3–5 cm große Quadrate schneiden.
- Die Erdnusskekse in eine Dose legen, nach ein paar Stunden sind sie schön hart.

Tipp

Für etwas mehr »Knack« nur die Hälfte der Nüsse fein mahlen und die andere Hälfte hacken.

Mandelkekse

Zum Sofortessen und Aufbewahren

braucht etwas mehr Zeit
🕐 **30 Min. +**
50 Min. backen

2 Eier · 120 g Xylit-Zucker · 1 Prise Salz · 80 g fein gemahlene Mandeln · 80 g gehackte Mandeln · ½ TL Backpulver · 1 Handvoll Mandelblättchen zum Verzieren

▶ **für 1 kleines Blech (32 × 20 cm) oder 1 Bräter**

- Den Backofen auf 150 Grad vorheizen.
- Eier, Xylit-Zucker und Salz 3–4 Minuten auf höchster Stufe aufschlagen.
- Gemahlene und gehackte Mandeln mit dem Backpulver mischen und unterrühren.
- Ein kleines Backblech oder einen Bräter mit Backpapier auslegen. Den Teig hineingeben und glatt streichen.
- Zum Schluss die Mandelblättchen darüber verteilen. Das Backblech in den vorgeheizten Ofen schieben und etwa 50 Minuten backen.
- Das Backblech aus dem Ofen nehmen und das Gebäck etwa 10 Minuten abkühlen lassen. Dann das Gebäck mit dem Backpapier vom Blech auf einen Kuchenrost ziehen und erkalten lassen.
- Anschließend in etwa 5 cm große Quadrate schneiden. Die Mandelkekse in eine Dose legen, dort härten sie in ein paar Stunden aus. Sie schmecken allerdings auch schon vor dem Aushärten sehr lecker!

Walnusskekse

Super lecker – auch frisch aus dem Ofen!

▶ **für 1 kleines Blech (32 × 20 cm)**

braucht etwas mehr Zeit
🕐 **35 Min. + 50 Min. backen**
150 g Walnüsse · 2 große Eier ·
120 g Xylit-Zucker · 1 Prise Salz ·
½ TL Backpulver

- Die Hälfte der Walnüsse mit dem elektrischen Zerkleinerer mahlen, die andere Hälfte hacken. Den Backofen auf 150 Grad vorheizen.
- Eier, Zucker und Salz 3–4 Minuten auf höchster Stufe aufschlagen.
- Die Walnüsse mit dem Backpulver mischen und unterrühren.
- Ein kleines Backblech mit Backpapier auslegen. Den Teig darauf verteilen und glatt streichen. Im vorgeheizten Ofen etwa 50 Minuten backen.
- Das Gebäck 5–10 Minuten auf dem Blech abkühlen lassen. Anschließend mit dem Backpapier vom Blech auf einen Kuchenrost ziehen.
- Nach dem Erkalten in 3–5 cm große Quadrate schneiden. Die Walnusskekse in eine Dose legen, nach ein paar Stunden sind sie schön hart.

Spekulatius-Nuss-Makronen

Alle Jahre wieder

▶ **1 Backblech**

gelingt leicht
🕐 **20 Min. + 25 Min. backen**
3 Eier · 120 g Xylit-Zucker · 300 g gem.
Haselnüsse · 1 Tüte Spekulatiusgewürz

- Die Eier mit dem Zucker 3–4 Minuten auf höchster Stufe schaumig rühren. Den Backofen auf 150 Grad vorheizen.
- Das Spekulatiusgewürz und die gemahlenen Nüsse dazugeben und noch mal kräftig umrühren.
- Ein Backblech mit Backpapier belegen. Mit zwei Teelöffeln kleine Teighäufchen daraufsetzen.
- Im vorgeheizten Ofen etwa 25 Minuten backen.

Für Diabetiker: Vorsicht! Spekulatiusgewürz erhöht den Blutzucker.

Lebkuchen

Sehr lecker – genau das Richtige für Weihnachten!

braucht etwas mehr Zeit
🕐 **35 Min. +**
50 Min. backen

150 g ganze Haselnüsse ·
2 Eier · 120 g Xylit-Zucker ·
80 g gem. Haselnüsse ·
1 Tüte Lebkuchenge-
würz · ½ TL Backpulver

▶ **für 1 kleines Blech (32 × 20 cm)**

- Die ganzen Nüsse mit dem elektrischen Zerkleinerer grob hacken. Den Backofen auf 150 Grad vorheizen.
- Eier und Xylit-Zucker 3–4 Minuten mit dem Mixer auf höchster Stufe aufschlagen.
- Die gemahlenen Haselnüsse, die Hälfte der gehackten Haselnüsse, das Lebkuchengewürz und das Backpulver unterrühren.
- Ein kleines Backblech mit Backpapier auslegen. Den Teig darauf verteilen und glatt streichen. Die übrigen, gehackten Haselnüsse darüberstreuen.
- Das Backblech in den vorgeheizten Ofen schieben und den Teig etwa 50 Minuten backen.
- Danach das Backblech auf ein Kuchengitter stellen und etwa 10 Minuten abkühlen lassen.
- Das Gebäck mit dem Backpapier vom Blech auf einen Kuchenrost ziehen und ganz erkalten lassen. Anschließend in etwa 3–5 cm große Quadrate schneiden.
- Die Lebkuchen zum Aushärten in eine Dose legen.

Für Diabetiker: Vorsicht! Lebkuchengewürz erhöht den Blutzucker.

Kleines Brot

Super saftig und lecker!

▶ **für 1 kleine Kastenform**

gelingt leicht

🕑 **30 Min. + 75 Min. backen**

150 g Magerquark · 4 große Eier · ½ Pck. Backpulver ·
1 mittelgroße Karotte · 50 g gem. Haselnüsse ·
50 g Leinsamen, geschrotet · 4 EL Speisekleie (Weizen) ·
2 EL Sojamehl · ½ TL Salz · 1 Handvoll Sonnenblumenkerne
zum Bestreuen

- Quark, Eier und Backpulver mit dem Mixer gründlich verrühren.
- Den Backofen auf 150 Grad vorheizen. Die Karotte schälen und fein raspeln.
- Karottenraspel, Nüsse, Leinsamen, Kleie, Sojamehl und Salz zum Quark-Ei-Gemisch geben und noch mal alles gut durchrühren.
- Eine Kastenform mit Backpapier auslegen und den Teig hineinfüllen. Zum Schluss die Sonnenblumenkerne über den Teig streuen.
- In den vorgeheizten Ofen stellen und 60–75 Minuten backen. Stäbchenprobe.
- Das fertige Brot nach dem Auskühlen in einer Dose im Kühlschrank aufbewahren.

Für Diabetiker: Der Blutzuckerspiegel steigt kaum an.

Brötchen

Sowohl mit Süßem als auch mit Wurst oder Käse zu empfehlen.

braucht etwas mehr Zeit
⏱ 25 Min. +
30 Min. backen
20 g Haferflocken ·
20 g Weizenkleie ·
3 große Eier · 2 EL Magerquark · ½ TL Backpulver ·
½ TL Johannisbrotkern-
mehl · ½ TL Salz

▶ **für 6 Brötchen**

- Haferflocken und Weizenkleie mit dem elektrischen Zerkleinerer fein mahlen.
- Die Eier trennen. Das Eiweiß sehr steif schlagen, es muss eine feste Konsistenz haben. Den Backofen auf 170 Grad vorheizen.
- Eigelbe und Magerquark kräftig verrühren, bis eine cremige Masse entsteht.
- Haferflocken, Kleie, Backpulver, Johannisbrotkernmehl und Salz dazugeben und noch mal mit dem Mixer verrühren.
- Den Eischnee vorsichtig unter die Masse heben. Gehen Sie dabei behutsam vor, damit der Eischnee nicht zusammenfällt.
- Eine 6er-Muffinform fetten und die Masse mit einem Löffel hineinfüllen – oder den Teig auf 6 Papierbackförmchen verteilen. Den Ofen auf 150 Grad herunterstellen und die Brötchen etwa 30 Minuten backen. Stäbchenprobe.

Variante: Wer mag, kann vor dem Backen noch ein wenig gemahlenen Mohn über die Brötchen streuen.

Für Diabetiker: Der Blutzuckerspiegel steigt kaum an.

Teebrötchen

Leicht mit Butter bestrichen sind sie ein Genuss.

gelingt leicht
🕐 **20 Min. +**
40 Min. backen
2 EL Haferflocken ·
3 große Eier ·
1 EL Xylit-Zucker ·
3 EL Magerquark ·
½ TL Backpulver ·
2 EL Sojamehl ·
½ TL Johannisbrot-
kernmehl · 3–4 Tropfen
Backaroma Butter-Vanille

▶ **für 6 Brötchen**

- Die Haferflocken zuerst mit dem elektrischen Zerkleinerer fein mahlen. Es macht zwar etwas Arbeit, aber das Ergebnis lohnt sich.
- Den Backofen auf 150 Grad vorheizen. Die Eier trennen. Das Eiweiß sehr steif schlagen, es muss eine feste Konsistenz haben.
- Eigelbe, Xylit-Zucker und Magerquark kräftig verrühren, bis die Masse cremig ist.
- Die gemahlenen Haferflocken und die restlichen Zutaten untermischen und noch mal mit dem Mixer verrühren.
- Den Eischnee vorsichtig unter den Teig heben. Dabei behutsam vorgehen, damit der Eischnee nicht zusammenfällt.
- Eine 6er-Muffinform fetten und die Masse mit einem Löffel hineinfüllen. Im vorgeheizten Ofen 30–40 Minuten backen. Stäbchenprobe.
- Die Brötchen anschließend noch 5 Minuten bei leicht geöffneter Ofentür im heißen Ofen stehen lassen.

Für Diabetiker: Der Blutzuckerspiegel steigt kaum an.

Nussbrot

Je nach Geschmack mit süßem oder herzhaftem Aufstrich.

▶ **für 1 Kastenform**

- Haferflocken, Sonnenblumenkerne und Leinsaat mit dem elektrischen Zerkleinerer fein mahlen.
- Die Walnüsse etwas gröber mahlen beziehungsweise fein hacken.
- Eier und Salz so lange aufschlagen, bis eine helle Masse entsteht.
- Dann Haferflocken, Sonnenblumenkerne, Leinsaat, Walnüsse, Joghurt, Haselnüsse, Sojamehl und Öl dazugeben und mit dem Mixer gut verrühren. Zum Schluss das Natron unterrühren.
- Eine Kastenform mit Backpapier auslegen und den Teig hineinfüllen.
- In den nicht vorgeheizten Ofen stellen und bei 175 Grad 60–75 Minuten backen. Stäbchenprobe.

Für Diabetiker: Der Blutzuckerspiegel steigt kaum an.

Tipp

Das fertige Brot sollte nach dem Abkühlen in einer Dose im Kühlschrank aufbewahrt werden. Dieses Brot ist sehr gehaltvoll.

anspruchsvoll
🕐 40 Min. +
75 Min. backen
140 g Haferflocken ·
120 g Sonnenblumen-
kerne · 80 g Leinsaat,
geschrotet ·
100 g Walnusskerne ·
4 große Eier · 1 TL Salz ·
200 g Sojajoghurt natur ·
20 g gem. Haselnüsse ·
50 g Sojamehl ·
4 EL Olivenöl ·
1 TL Natron

Kürbiskernbrot
Mit Wurst oder Käse sehr zu empfehlen

▶ **für 1 kleine Kastenform**

- Haferflocken und 60 g Kürbiskerne mit dem elektrischen Zerkleinerer fein mahlen.
- 4 Eier trennen, das Eiweiß steif schlagen und zur Seite stellen. Den Backofen auf 170 Grad vorheizen.
- Die Eigelbe und das ganze Ei mit dem Magerquark sehr gut verrühren, bis die Masse schön cremig ist.
- Dann die anderen Zutaten dazugeben und alles noch mal gut durchrühren. Den Eischnee zum Schluss mit dem Schneebesen unterrühren.
- Die Kastenform mit Backpapier auslegen und den Teig hineinfüllen. Die Handvoll Kürbiskerne über den Teig streuen.
- In den vorgeheizten Ofen stellen und 60–75 Minuten backen. Stäbchenprobe.
- Das fertige Brot in einer Dose im Kühlschrank aufbewahren.

Für Diabetiker: Der Blutzuckerspiegel steigt kaum an.

anspruchsvoll
🕐 **30 Min. +**
75 Min. backen
40 g Haferflocken ·
60 g Kürbiskerne ·
5 große Eier · 4 EL Magerquark · 40 g Speisekleie
(Weizen) · 20 g Sojamehl · 1 TL Johannisbrotkernmehl · 1 Pck.
Backpulver · 1 Schuss
Olivenöl · ½ TL Salz ·
1 Handvoll Kürbiskerne
zum Bestreuen

Eis-Grundrezept

Es darf auch eine Kugel mehr sein!

▶ **für etwa 500 ml Eis**

gelingt leicht
🕒 **20 Min. + Zeit in der Eismaschine**
½ Vanilleschote · 2 Eigelbe · 55 g Xylit-Zucker ·
200 ml Sojamilch · 200 ml Sahne · 10–30 g gem. Haselnüsse oder Walnüsse oder Kakaopulver oder Schokoraspel

- Das Mark aus der Vanilleschote schaben.
- Eigelb, Xylit-Zucker und Vanillemark kräftig mit dem
  Mixer rühren, bis die Mischung locker und cremig ist.
- Die Sahne schlagen, bis sie cremig, aber nicht ganz steif
  ist. Dann mit der Sojamilch in die Eimasse einrühren.
- Nun die Geschmacksrichtung bestimmen: gemahlene
  Haselnüsse, Walnüsse, Kakaopulver, Schokoraspel oder
  Ähnliches dazugeben – je nach Geschmack zwischen
  10 und 30 g.
- Alles gründlich miteinander vermischen und in die vor-
  bereitete Eismaschine füllen.
- Die Eiszubereitung dauert je nach Eismaschine unter-
  schiedlich lange. Bitte die Zeitangaben in der Gebrauchs-
  anleitung beachten!

Variante: Man kann auch kleine Mengen sehr klein ge-
schnittenes oder püriertes frisches Obst nehmen. Bananen
sollten auf jeden Fall püriert oder zerdrückt werden.

Für Diabetiker: Obst erhöht den Blutzucker.

SÜSSSPEISEN & DESSERTS

Vanilleeis

Der pure Genuss!

braucht etwas mehr Zeit
🕐 **40 Min. + Zeit in
der Eismaschine**
1 ½ Vanillestangen ·
4 Eigelbe · 55 g Xylit-Zucker · 200 ml Sojamilch ·
125 ml Sahne

▶ **für etwa 400 ml Eis**

- Das Mark aus den Vanillestangen schaben.
- Eigelbe, Xylit-Zucker und Vanillemark so lange mit dem Mixer rühren, bis das Eigelb fast weiß ist.
- Die Sojamilch langsam erwärmen.
- Die Sahne unter die Eigelbmasse schlagen.
- Dann alles nach und nach in die heiße Sojamilch geben. Nicht kochen!
- Wenn alle Zutaten gründlich vermengt sind, die Mischung unter ständigem Rühren bei mäßiger Temperatur noch einmal etwa 2 Minuten lang erhitzen. Die Mischung darf nicht kochen!
- Die fertige Mischung auf Kühlschranktemperatur abkühlen lassen, dann in die vorbereitete Eismaschine füllen.

Variante: Wer es noch sahniger mag, kann weniger Sojamilch nehmen und etwas mehr Sahne, zum Beispiel 150 ml Sojamilch und 175 ml Sahne.

Pfannkuchen
Da bleibt keiner übrig!

▶ **für 3 Stück**

- Die Haferflocken mit dem elektrischen Zerkleinerer fein mahlen.
- Ein Ei trennen und das Eiweiß mit einer Prise Salz sehr steif schlagen, zur Seite stellen.
- Dann das Eigelb und das ganze Ei mit der Sojamilch kräftig verquirlen, bis die Masse hell und cremig ist.
- Das Sojamehl, die fein gemahlenen Haferflocken und das Backpulver zur Ei-Milch-Masse geben und alles zu einem Teig vermengen.
- Zum Schluss das geschlagene Eiweiß vorsichtig unter den Teig heben.
- Eine Pfanne aufheizen, etwas Öl hineingeben und die Pfannkuchen ausbacken.

Das passt dazu: Die fertigen Pfannkuchen mit Xylit-Zucker bestreuen. Apfelmus oder Blaubeeren dazu – einfach nur lecker.

Für Diabetiker: Vorsicht! Apfelmus und Blaubeeren erhöhen den Blutzucker.

gelingt leicht
🕑 **15 Min.**
2 EL Haferflocken ·
2 große Eier · 1 Prise
Salz · 1 kleine Tasse
Sojamilch oder Voll-
milch · 2 EL Sojamehl ·
1 TL Backpulver · Öl zum
Ausbacken

Quarkwaffeln

Köstlich, köstlich!

gelingt leicht
🕐 **15 Min.**
2 Eier · 1 Prise Salz ·
1 EL weiche Butter ·
1 EL Xylit-Zucker ·
2 EL Quark · ½ Vanille-
schote · 1 EL Sojamehl ·
1 TL Johannisbrotkern-
mehl · 1 Tasse Sojamilch

▶ **für 3 Waffeln**

- Die Eier trennen, das Eiweiß mit einer Prise Salz sehr steif schlagen und zur Seite stellen.
- Eigelb und weiche Butter mit dem Xylit-Zucker verquirlen, bis die Masse schön cremig ist.
- Den Quark unterrühren. Das Mark aus der Vanillestange schaben.
- Danach Sojamehl, Johannisbrotkernmehl, Vanillemark und Sojamilch zur Eigelbmasse geben und zu einem Teig vermengen.
- Zum Schluss das geschlagene Eiweiß vorsichtig unter den Teig heben.
- Den Teig portionsweise in ein vorgeheiztes Waffeleisen geben und Waffeln ausbacken.

Das passt dazu: Eine Kugel selbst gemachtes Vanilleeis (Seite 82).

Salzburger Nockerln

Unwiderstehlich!

anspruchsvoll
⏱ 20 Min. +
7 Min. backen
½ Vanillestange ·
½ Zitrone, unbehandelt ·
4 Eiweiß · 1 Prise Salz ·
2 EL Xylit-Zucker ·
3 Eigelbe · 50 g Butter
zum Ausfetten

▶ **für 3–4 Personen**

- Das Mark aus der Vanillestange schaben. Die Zitronenschale abreiben.
- Den Backofen auf 190 Grad vorheizen.
- Das Eiweiß mit einer Prise Salz zu einem sehr festen Schnee schlagen, dabei nach und nach 1 Esslöffel Xylit-Zucker einrieseln lassen.
- Die Eigelbe mit dem Vanillemark und der abgeriebenen Zitronenschale cremig rühren und ganz vorsichtig unter den Eischnee heben.
- Eine längliche Auflaufform mit der Butter großzügig fetten. Die Masse hineinfüllen und 2–3 Nockerln formen.
- Im vorgeheizten Ofen etwa 7 Minuten backen, danach mit dem restlichen Xylit-Zucker überstäuben und sofort servieren. Die Nockerln sollten außen fest und innen cremig sein.

Tiramisu

Auch am nächsten Tag ein Genuss – falls etwas übrig bleibt.

▶ **für etwa 10 Portionen**

- Zuerst den Schokotortenboden (Seite 52) backen – am besten auf einem kleinen Blech. Auskühlen lassen.
- Den Xylit-Zucker in der flüssigen Sahne auflösen, dann die Sahne cremig, aber nicht ganz steif schlagen.
- Das Mark aus den Vanillestangen schaben und mit dem Mascarpone verrühren.
- Die cremig geschlagene Xylit-Zucker-Sahne mit der Mascarponecreme vermengen.
- Die Bitterschokolade raspeln. Die Hälfte der geraspelten Bitterschokolade zur Mascarponecreme geben.
- Dann – je nach Geschmack – Whisky, Cognac oder Rum hinzufügen und alles miteinander verrühren.
- Nun die Masse auf den fertig gebackenen Schokotortenboden verteilen. Obendrauf die restliche geraspelte Schokolade verstreuen. Vor dem Verzehr 2–3 Stunden in den Kühlschrank stellen.

gelingt leicht
🕐 **30 Min. + 30 Min. backen + 2–3 Std. kühlen**
1 selbst gebackener Schokotortenboden (Seite 52) · **4 EL** Xylit-Zucker · **½ Becher** Sahne · 1 ½ Vanilleschoten · 500 g Mascarpone · 10–20 g Bitterschokolade 85 % · **2 EL** Whisky oder Cognac oder Rum

Rezeptverzeichnis